Ibrahima Abdoulaye

HAMMADI SINA

Ibrahima Abdoulaye

HAMMADI SINA

Les Contes de Mahamane Tindirma

Éditions Muse

Imprint
Any brand names and product names mentioned in this book are subject to trademark, brand or patent protection and are trademarks or registered trademarks of their respective holders. The use of brand names, product names, common names, trade names, product descriptions etc. even without a particular marking in this work is in no way to be construed to mean that such names may be regarded as unrestricted in respect of trademark and brand protection legislation and could thus be used by anyone.

Cover image: www.ingimage.com

Publisher:
Éditions Muse
is a trademark of
Dodo Books Indian Ocean Ltd., member of the OmniScriptum S.R.L Publishing group
str. A.Russo 15, of. 61, Chisinau-2068, Republic of Moldova Europe
Printed at: see last page
ISBN: 978-620-3-86576-9

Sommaire

Dans ce récit, Mahamane Tindirma nous raconte la bataille entre Hammadi Sina, un jeune sorko, et Guelaadjo Hambodédjo de Goundaka. La bataille eut pour cause le père de Guelaadjo, le très puissant et redoutable prince peulh du Kounaari, Hambodédjo Ham Pâté Yalla qui interdit dans tous les confins de Goundaka de baptiser un enfant par le prénom Hammadi, car seul son fils aîné, Guelaadjo, avait le privilège d'être appelé Hammadi. Le père de ce jeune sorko, Sina, avait enduré des années et des années sans goûter au bonheur d'avoir un enfant. Le jour où Dieu lui avait accordé le bonheur d'en avoir un, il le nomma Hammadi. Malheureusement ou heureusement, son bonheur ne dura que quelques semaines lorsqu'une vieille femme lui rappela que ce prénom avait été longtemps interdit dans la contrée. Alors, il changea vite le prénom par Maama, un prénom typiquement sorko pour continuer à savourer le bonheur qu'apporte un enfant pour l'équilibre d'une famille. Mais, l'enfance n'est qu'une période passagère, qui s'écroule vite et avec, le bonheur des parents de Maama. L'enfant Maama, fougueux et très insolent, grandit vite et devint un grand héros, toujours plus fougueux et plus insolent. Il se fit rebaptiser Hammadi, et fit régner la terreur partout sur leur petite île, Sinagoungou. Sa témérité éveilla alors la jalousie des princes peulhs de Goundaka. Une jalousie qui déclencha la colère du vieillissant «poullo du Kounaari», Hambodédjo Ham Pâté Yalla, lequel envoya son très puissant et invulnérable fils Guelaadjo «poullo Ségou, bambara Kounaari» pour aller punir ce sorko téméraire qui avait osé se mesurer aux peulhs. Malheureusement ou heureusement, cette punition ou expédition finit par enrichir le brave sorko d'un cheptel de plus de quatre cent têtes de bovins qu'il n'avait ni acheté, ni troqué, mais acquis par le tranchant de son arme, la 'damaa'.

Dr Ibrahima ABDOULAYE, Enseignant-Chercheur au DER-Anglais, FLSL/ULSHB.

Hambodédjo interdit à toute personne de donner le prénom Hammadi à son enfant dans tous les confins de Goundaka.

Ceci est le récit d'un sorko[1] du nom de Hammadi[2] Sina.

Un adage Bambara dit que 'l'éructation ne signifie pas toujours que l'on est pleinement rassasié, mais un ventre vide non plus ne fait pas de rot.'

On dit chez les Koyraboros[3] que 'si une femme demande à une coiffeuse de lui faire la même coiffure qu'une telle femme, il faudrait au préalable qu'elle possède autant de chevelure que cette dernière.'

'Quand tu demandes à un artisan de te faire un travail, ne lui dit pas de bien faire, mais plutôt paie le bien et laisse le faire, ainsi tu ne regretteras pas, car il y mettra tout son savoir-faire.'

Hammadi Sina était un jeune sorko.

Quand Hambodédjo fut heureux d'avoir son tout premier fils avec sa femme Ténin Dâ Monzon Diarra à Goundaka, il le fit baptiser Hammadi Hambodédjo Ham Pâté Yalla que l'on appelait affectueusement Guelaadjo. Alors, il fit battre le tambour royal dans tous les confins de Goundaka pour convoquer une assemblée générale. Ensuite, il fit savoir à l'assemblée que désormais toute personne qui aurait la malchance de donner le prénom Hammadi à sa progéniture dans toute la circonscription de Goundaka, allait encourir la peine d'apporter l'enfant à Goundaka dans le dos sa mère qui se chargerait elle-même de le pétrir dans un mortier et le donner à son cheval appelé 'Boneedji-baana'.

Les jours se succédèrent ainsi aux nuits, et personne n'osait donner le prénom Hammadi à son enfant pendant plus de vingt ans.

Une communauté de sorkos faisait partie de la circonscription de Goundaka à l'époque. Ces sorkos résidaient sur une île et leur chef s'appelait Sina. Sina n'avait pas eu

---

[1] Sorko veut dire pêcheur en langue Songhay. En langue Fulfulde, on dit 'ceddo'. On dit aussi Bozo dans d'autres langues du Mali. Autrement dit, le terme 'sorko' désigne une couche socioprofessionnelle de la société songhay qui s'adonne aux activités de pêche. Le mot ne désigne pas une ethnie, les sorkos faisant partie de la société songhay et parlant la langue songhay. Contrairement aux Bozos, qui ont une langue propre à eux et vivant sur un territoire géographiquement important.

[2] En milieu peulh et songhay, Hammadi désigne généralement le fils aîné de la famille.

[3] En langue Songhay, 'koyra' veut dire la ville, et 'boro' la personne. Donc 'koyraboro' signifie tout simplement le citadin, ou toute personne résidant en ville, contrairement au mot 'gandjiboro' qui veut dire nomade ou celui qui réside dans les campagnes. Aujourd'hui, le mot désigne non seulement les Songhays et tous les locuteurs songhays, mais aussi la langue et même les dialectes : koyratchini, ou koyraborosenni en lieu et place de Songhaytchini ou Songhaysenni..

d'enfant avec toutes les femmes qu'il avait épousées. Un de ses amis marabouts lui avait conseillé d'épouser une esclave sorko. Il épousa alors une esclave sorko. Et avant la fin de l'année il eut un fils.

L'unique enfant de Amirou Sina est baptisé 'Hammadi Sina'

A l'occasion de la cérémonie de baptême de l'enfant d'Amirou Sina, il invita tous les sorkos de l'île et demanda de baptiser son enfant Hammadi Sina.

'Celui qui croit que la fin du monde est un mensonge, qu'il se détrompe. La fin du monde est bien une réalité. Car, que la vie soit belle ou mauvaise, elle aura bien une fin un jour; mais chacun doit souhaiter avoir une bonne fin.'

Quelques temps après, une vieille femme se traina chez Amirou Sina, une très vieille femme, celle du genre dont j'avais l'habitude de faire l'éloge en ces termes :

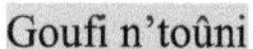

Goufi n'toûni

Goufi-goufi n'toûni

Jina kusaw

Banda colla

Maasou kouna hew

Yirkoy g'a kour

A ga nga boŋ jaajendi

Hou waani faykaw

A ga baa nga haamaa

A si baa haamaa waani.

Les djinns disent à propos de ces vieilles femmes :

Alkarsaali simanbougou

Daasi ka □□uma

Albasar naaga biiga

Kowkow saayan bée

□oŋmor mi taa houlo

Boolo si ma dabo

Saasaa namom kou□an bali

Kouna beli na kou□an bali

Sollaaré.

Toute personne que ces vieilles femmes réussissent à approcher est victime de leurs manigances et combines.

La vieille femme dit à Amirou Sina :

- Amirou !
- Naam !
- Ce que tu as fait là, tu l'as fait délibérément, ou as-tu bien une bonne raison de le faire ?
- Qu'ai-je fait ?
- Il y a de cela vingt ans que personne n'ose donner le prénom Hammadi à son enfant dans tous les confins de Goundaka. Cet unique fils que Dieu t'a donné, tu as osé le baptiser Hammadi. Quand les escrocs vont le dire à Hambodédjo, c'est sa maman qui l'emmènera à Goundaka pour le piler de ses propres mains et le donner au cheval. Alors qui sera le perdant ?
- Wallaahi tu n'as dit que la vérité ! J'avais vraiment oublié ! Et personne ici ne m'avait rappelé. Alors, que personne n'appelle plus mon enfant par le prénom Hammadi, appelez-le par Maama !

Ainsi, on changea le prénom de l'enfant et l'on continuait à l'appeler par le prénom Maama.

Maama commença à aller à la pêche

L'enfance est une période passagère. Quand Maama atteignit l'âge d'aller à la pêche, on lui confectionna un harpon. Sa première journée de pêche n'avait pas du tout été fructueuse. Il n'avait rien attrapé. De retour de la pêche, il vint trouver un vieillard qui s'accoudait seul derrière un groupe d'individus qui causaient. Il lança le harpon dans le menton du vieillard. Le fer de la lance traversa sa barbe et entama légèrement sa gorge. Vite, on secourut le pauvre vieil homme en lui enlevant le fer de la lance et on l'amena, la poitrine toute couverte de sang, chez Amirou Sina :

- Amirou, regardez ce que Maama a fait !

Amirou Sina, après avoir sérieusement flagellé Maama, lui demanda le motif de cette brimade. Il répondit :

- Ayyo, j'ai trouvé tout le monde assis ; c'est lui seul qui s'accoudait loin derrière le groupe et dormait. N'a-t-il pas ouvert les yeux quand je l'ai percé la gorge ?

Le lendemain, Maama repartit à la pêche. De nouveau, il n'avait rien attrapé. De retour, il vint trouver une vieille femme couchée sous son hangar. Il lui planta le harpon entre le sein et les côtes. On secourut la pauvre vieille dame et on demanda à Maama le tort qu'elle lui avait fait. Il répondit :

- Ayyo, je l'ai trouvée en train de dormir. Je n'ai rien attrapé. Et je l'ai juste essayée avec le bout du harpon. Je ne savais pas que le fer était si tranchant !

Il fut roué de coups comme punition de cette avanie. Amirou Sina invoqua Dieu pour que périsse ce gamin qui lui donnait tant de souffrance, car depuis qu'il avait été intronisé chef des sorkos, il n'y avait pas eu de sévices entre lui et les sorkos si ce n'est maintenant que Dieu lui a donné ce rejeton. Maama lui répondit :

- Wallaahi, Dieu ne me tuera pas! Ce n'est pas mon genre que Dieu tue comme ça ! Dieu ne tue que les paisibles gens. Dieu ne tue pas un enfant natif de Jeudi comme moi de cette façon !

Maama demeura ainsi. Tout gosse qui liait amitié avec lui un jour, le lendemain déjà ils se séparèrent car, il n'aimait pas la contestation. Il se ruait sur tous ceux qui le contestaient avec son harpon.

Un jour, Maama apercevait sur l'île une jument et son poulain «n'boolou». Il fit réunir tous ses camarades et leur demanda de l'accompagner. Il partit détacher le poulain et l'amena chez eux. Il fit savoir à tout le monde que le poulain lui appartenait désormais, et que si le propriétaire osait le réclamer il lui casserait la figure.

Quand le propriétaire apprit que c'était Maama qui s'était approprié de son poulain, il prit la jument et se résigna.

Maama grandit et devient pubère

Maama grandit ainsi et devint pubère. Devant leur demeure se dressait un grand arbre. C'était là sous cet arbre que se retrouvaient tous les vieux du village pour bavarder, tuer le temps et jouer au 'boundou-kokossou' ou au 'soumbay-woulaassou'[4] en vociférant.

Un jour vers la matinée, Maama se reposait de l'autre côté sous l'arbre pendant que les vieux discutaient et s'égosillaient. Soudain, il se leva et fonça vers le fleuve. Il plongea sa flèche dans l'eau et attendit un peu pour mouiller le manche. Puis, il revint sous l'arbre et dit aux vieux :

- Père, je ne vous ai pas dit depuis longtemps que je n'aime pas du bruit quand je me repose sous cet arbre ? Dégagez vite, ou je vous écrase tous avec ma flèche, bande de fainéants !
- Il va nous tuer … il va nous … il va … il va nous perforer …il …il va… !

Dans le sauve-qui-peut, certains, après s'être éloigné, demandaient aux retardataires de leur emporter leurs chaussures. Beaucoup avaient fui les pieds nus, trainant leur turban derrière qui s'entremêlait entre les pieds. Maama jurait de les tuer tous s'ils ne changeaient pas de lieu de causerie et aller bavarder ailleurs. D'autres, continuant le chemin, se demandaient :

- Est-ce vrai qu'il ose nous percer ?
- Absolument ! Billa hallazi, il va nous transpercer avec sa flèche ! Partons !

Maama aménagea le lieu, déploya sa natte et y élut domicile.

Chaque fois qu'on tuait un lamantin dans le village, Maama se rendait sur le lieu et réclamait la peau de l'animal. Ainsi, il avait assemblé trois peaux de lamantin. Il avait

[4] 'Boundou-kokossou et ' soumbay-woulaassou' : Sortes de jeu de dame traditionnel pratiqué à même le sol en utilisant des bâtonnets, des noix de doum ou des cailloux.

découpé les peaux en plusieurs ligatures qu'il enlaçait ensuite pour faire une seule grosse courroie. Puis, il accrocha la grosse courroie sur une branche de son arbre.

Maama va courtiser une jeune fille sorko

Quelques jours après, une jeune fille sorko faisait la convoitise de tous les garçons de l'île. Elle était la plus belle et la plus charmante de toutes les filles de l'île. Nuit et jour, elle organisait des veillées et des galas dans leur demeure et les garçons ne se lassaient jamais de venir l'enthousiasmer, chacun voulant la séduire. Une nuit, alors que Maama se reposait sous l'arbre, il entendait le son des 'koubours'[5] accompagné de cris de joie. Il se leva aussitôt et se traina jusqu'à la soirée. Arrivé, il bouscula tous ceux qui étaient assis à côté de la jeune fille, puis il s'assit et posa ses pieds sur cette dernière.

La jeune fille lui dit :

- Maama!
- Naam!
- Vraiment tu as posé tes pieds là où tu dois les poser parce que nous sommes tous issus des deux grandes familles sorkos. Moi, je suis Assaabantché, et toi, tu es Naabontché. Je suis Assaabanga, jingaaba, jinga karounga baray maana ! Personne n'a le droit de poser ses pieds sur moi si ce n'est toi. Je suis :

Assaabanga

Jingaaba

Jinga karounga Baray Maana

Sounbourou Sété ganda Badila Jéejé

Bookooré nda Boohooré

Barŋa Fodé nda Barŋa Fodé

Jidé Maama nda Jidé Maama.

Kida kaakenaagou nda kida kaanagou koumaaré

[5] Nom de la guitare traditionnelle. On dit aussi 'Kourbou'

C'est à mon ancêtre qu'on dit :

Joolali Maama Saago

Joolali Bouya Baaba

Kaabéfounédji Joolali

Baba-goungou Joolali

Kida kaakenaagou Joolali Kida

Kaanagou Koumaaré Joolali

C'est à moi qu'appartiennent :

Baara taabelli

Baara dengordé

Baara dengorbaydou

Soppiné ka yourmé Baara

Deli jindé Baara

Samangorrou jindé Baara

Tchélé-tchél jindé alaydiiri kani ne !

Tu as vraiment posé tes pieds là où tu dois les poser parce que, Maama, tu es :

Naabo Kontaabo

Konta beeri nda Soŋay baa

Inné kilo gandaakoy, bangookoy Naabo

So□oorou Naabo, Soganda goto□ooorou Naabo

Boolou cindi Bareykoy

Kamankirya cindi ganda yaarou

Dankilé □□umo

Dankilé Bélé-Bélé Batooma

Kaari ga baŋa wi

Kobéboy ga baŋa foorou

Harkaatou ga baŋa jamna Kala

boro ma kaaya nga baaba. ŋaasa

doumi. ŋaasa taaway doumi

Kabouka doumi, kabou kawfo doumi

Yérésé doumi, Yérésé daaway doumi.

C'est à lui qu'appartient Balya-le-fleuve!

Kenké douro ganda denbé maariyo

Kenké douro ganda denbey fodey

Taali goorou, tataali bilibay goorou

Baŋa jabou laajibo

Cilo komo kaarayci

Noodoungou

Sagalé si

Doungou-siise- mayraykoy

La jeune fille continua :

- Maama, saches que la propreté d'un homme ne se limite pas seulement à laver ses habits et à les blanchir. La propreté d'un homme se mesure à ses œuvres. Celui qui arrive à bien 'laver ses œuvres', portera toujours des habits propres. Sinon, même si chaque matin, on va au fleuve pour laver ses habits avec du savon, tout en possédant des dossiers sales, on ne fait qu'un travail inutile qui ne lavera jamais le passé sale et obscure de ce dernier. Donc, Maama, s'il te plait, enlève tes pieds sur moi, car ton corps est certes plus vieux que le mien, mais tes oreilles ne sont pas plus vieilles que les miennes. Ces gens-là que tu viens de bousculer, c'est grâce à leurs parents que tu es en vie aujourd'hui. Tout jeune sorko qui a été baptisé deux fois la même année ne doit pas poser ses pieds sur moi.

Ceci dit, Maama se leva d'un coup et partit chez eux. Au milieu de la nuit, il partit au fleuve pour mouiller sa flèche et revint se planter devant la porte de la case où dormaient ses deux parents. Peu après, le muezzin fit le premier appel à la prière de l'aube. Son père se leva et fit le 'kalmatou chahada'[6]. Ensuite il demanda à la mère de Maama de lui dire où se trouvait le 'tchenbou'[7]. Et ce fut Maama qui lui répondit dehors :

---

[6] Prière qui consiste à dire: Achahadou an La ilaaha illa laahou, wa achahadou anna Mouhammadoun rassoulillaaha'

[7] Pot en terre cuite servant à faire les ablutions.

- Père !
- Naam !
- Tu n'auras ni 'tchenbou' ni 'satalla'[8] aujourd'hui tant que vous ne me dites pas mon vrai prénom, je planterai cette flèche jusqu'au manche dans la première personne qui sortira de cette case !

Le père demanda à la mère s'il était au sérieux :

- Va-t-il vraiment me faire ça ?
- Il va vraiment le faire, ne sors pas deh ! Si tu sors, il va te planter la flèche jusqu'au manche, laisse-le avec moi !

La maman lui dit :

- Espèce de vaurien, ce n'est pas à nous que tu viens demander ton vrai prénom ! Ceux qui t'ont dit que tu as un autre prénom différent de Maama, pourquoi tu ne leur as pas demandé de te le dire si ça existe vraiment?

Les mamans ont l'art d'imposer le respect chez les enfants. Ainsi, la mère de Maama continuait à le réprimander sévèrement. Ce fut alors que le père avait pu sortir de la case.

Maama passa toute la journée à s'irriter.

Le soir, il se traina de nouveau jusqu'à la veillée chez la jeune fille. Il bouscula tous ceux qui étaient assis à côté d'elle et posa ses deux pieds sur les siens. La jeune fille lui dit :

- Tu as posé tes pieds là où tu dois le faire, car nous sommes tous les deux issus des deux grandes familles sorkos. Je suis Assaabantché et tu es Naabontché.

Il n'y a que deux familles distinctes de sorkos dans notre contrée, Assaaba et Naabo. Tous les autres sont des piroguiers d'origine Sarakollé[9] ou des sédentaires qui ont eu peur des travaux champêtres et ont préféré acheter une pirogue et s'adonner aux activités de pêche. L'ancêtre des Naabontché résidait à Bamba-goungou. Celui des Assaabantché résidait à Goura-Debo et il s'appelait Bari-Foono. Pour faire son éloge, on lui disait:

---

[8] Bouilloire servant à faire les ablutions.

[9] Le mot songhay pour 'Sarakollé' est 'waakoré', et c'est ce que Mahamane emploie dans le récit.

Assaabanga

Jingaaba

Jinga karounga Baray Maana

Sounbourou Sété ganda Badila Jéejé

Bookooré nda Boohooré

Barŋa Fodé nda Barŋa Fodé Jidé

Maama nda Jidé Maama.

Goura Debo.

L'ancêtre des Naabontché qui résidait à Bamba-Goungou, on l'appelait 'Maka Booté Dendi Sello Bareykoy Naabo' du fait qu'il avait une jambe qui était plus grande que l'autre et il n'avait pas d'égal en corpulence dans tout le Dendi.

La jeune fille continua :

- S'il te plait, enlève tes pieds sur moi, car ton corps est certes plus vieux que le mien, mais tes oreilles ne sont pas plus vieilles que les miennes. Ces gens que tu es en train de bousculer, c'est grâce à la grand-mère de celui-là devant toi que tu es en vie aujourd'hui. C'est sa grand-mère qui avait suggéré de changer ton prénom, sinon ton vrai prénom est bel et bien connu et su de tout le monde. Et ce prénom là, tout enfant qui aurait la malchance de le porter, sa mère se chargerait elle-même de l'emmener à Goundaka sur son dos pour le pétrir dans un mortier et le donner ensuite à un cheval. Maintenant que l'on a changé ton prénom pour que tu ne meurs pas, et que tu as grandi, tu te permets de bousculer des gens, ou percer d'autres par ta flèche ! Si les hommes ont peur de toi, moi qui ne suis qu'une jeune femme, je n'ai pas peur de toi!

Tout ce dont les hommes ont peur, les femmes l'affrontent avec courage. Maama se leva d'un coup et partit furieusement tout droit chez eux.

Maama se fait rebaptiser 'Hammadi Sina'

Maama partit au fleuve pour mouiller le manche sa flèche et revint se planter devant la porte de la case où ses deux parents dormaient. De temps en temps, il frappait à la porte jusqu'au moment où le muezzin fit le premier appel à la prière de l'aube. Alors, dès que son père se leva et fit le 'kalmatou chahada', Maama l'interpela :

- Abba[10] !
- Naam !
- Billa hallazi, si vous ne me dites pas mon vrai prénom aujourd'hui, vous allez passer toute la journée enfermés dedans !
- Quoi ?
- Il n'y a pas de quoi ! Tout ce que je sais, vous allez passer toute la journée dedans aujourd'hui! Le père dit à la mère :
- Est-ce bien vrai qu'il ose me percer ?
- Absolument ! Billa hallazi, si nous sortons de là aujourd'hui, le premier d'entre nous qui franchira le seuil de la porte sera transpercé !

La mère lui dit :

- Maama, ton vrai nom est Hammadi Sina. Le jour où nous avions changé ton prénom, nous avions espéré que tu allais nous rendre beaucoup de service quand tu grandirais. Mais, maintenant que tu as l'intention de nous tuer, va mourir donc! Nous, on s'en remet à Dieu!
- Je savais que vous finirez par le dire, poorh!

Ce fut alors que Maama put déposer sa flèche. Ensuite, il entra dans le village. Il alla de porte à porte dans toutes les demeures. Et dès qu'il trouvait deux conjoints ensemble sur leur lit conjugal, il empoignait le conjoint et le fit assoir sur son séant, ensuite il le giflait sur la tempe à tel point que ce dernier croyait avoir quatre oreilles. Il dit à la conjointe :

- Prends un mortier et un pilon, et va vite chez nous !

Dans la panique, certaines femmes sortaient ainsi presque toutes nues. Et ce fut une fois dehors que l'on leur lançait quelque chose à porter. On ne voyait que des femmes qui accouraient de tous les coins et se dirigeaient vers la demeure de Maama. Dans toute l'île, personne n'avait fait la prière de l'aube ce jour là.

[10] Père, papa.

Maama les rejoignit. Ensuite, il fit sortir sept charges d'épi de petit mil, et leur demanda de le piler. Les femmes égrainèrent les épis dans les mortiers, et vannèrent les grains. Il leur dit de préparer vite du 'gossa'[11]. Elles firent bouillir rapidement les grains dans des grosses marmites, et déversèrent le 'gossa' sur des grandes nattes. Maama réunit manu militari tout le monde, jeunes et vieux. Ensuite, il prit sa grosse courroie et leur dit de s'asseoir pour mâcher le 'gossa'. Comme des ruminants qui venaient du pâturage, ils plongèrent leurs bouches dans le 'gossa' et se mirent à le broyer. Il les surveillait la courroie dans la main jusqu'à ce qu'ils finirent les sept 'bokoms'[12] de petit mil.

Il dit à tout le monde présent :

- C'est aujourd'hui qu'a eu lieu mon baptême. Désormais mon nom est Hammadi Sina. Et gare à celui qui va m'appeler par le prénom Maama !

Ceci dit, ils s'esquivèrent. Dès lors, même si quelqu'un prononçait par oubli le mot 'Maama', les autres lui répliquèrent vite:

- Aïwa yah ! Eloignes-toi de nous, nous n'en pouvons plus !

Hammadi Sina envoie une vieille femme chez Hambodédjo avec un message

Le village possédait un grand filet de pêche collective appelé 'sogna' que les villageois utilisaient seulement une fois par an. Après chaque pêche collective annuelle, ils choisissaient les meilleurs poissons capturés dans 'sogna' et ils les mettaient dans des 'gadjagadjas'[13]. Ensuite, ils les transportaient à dos d'ânes à Goundaka comme cadeau offert à Hambodédjo pou assaisonner sa sauce.

La nuit où la pêche collective annuelle eut lieu, Hammadi passa toute la nuit sous l'arbre. Le lendemain matin, pendant que son père et ses compagnons étaient en train de choisir les poissons pour Hambodédjo, une vielle femme errante mendiait du poisson :

- Irkoy baakoy[14] ! A cause de Dieu, donnez-moi de quoi passer la journée d'aujourd'hui !

---

[11] Grains de mil, ou petit mil bouillis dans l'eau simple.

[12] Gros tas d'épis regroupés et attachés après les récoltes. D'autres disent aussi 'lindjé'

[13] Bourriches, ou sacs confectionnés à l'aide de nattes appelées 'gadja' en songhay.

[14] Supplication, prière humble et insistante en langue songhay.

Hammadi était assis sous l'arbre quand la veille mendiante vint passer devant lui. Il l'appela :

- Ma grand-mère, d'où viens-tu ? ➢ Je viens de Goundaka.
- Si je t'offre du poisson, vas-tu dire à Goundaka qu'il y a un Hammadi à Sina ?
- Bien sûr que je vais le dire.
- Allons-y au fleuve !

Hammadi vint trouver que son père et ses compagnons venaient de charger les sept ânes qui allaient transporter le poisson à Goundaka. Il les interpela :

- Père, c'est quoi ça ?
- C'est ce qu'on doit emmener à Goundaka.

Hammadi dit à la vielle mendiante :

- Ma grand-mère, prends les sept ânes et tous les chargements ! Celui qui dit un mot, je vais lui casser la figure tout de suite !

Certains murmuraient entre eux :

- Hé ! Nous, on est quitte ! Et puis c'est fini, on n'en a rien à faire ! Nous ne voulons pas d'histoire ! Si Hammadi les a lui-même offerts à la vieille, c'est vraiment fini !

D'autres, très curieux et craignant la colère de Hambodédjo, murmuraient encore :

- Qu'est-ce qui a été dit ?
- Hé ! Laissez tomber. Cela est sans souci. C'est Hammadi qui les a offerts à la vieille, c'est tout !

D'autres encore murmuraient:

- Mais dis-moi, pour quelle raison leur a-t-il offerts ?
- Hé ! Arrête, veux-tu ? Je ne vais pas me faire casser la figure pour rien ! S'il les a offerts, c'est vraiment fini !

La vieille femme se rajeunit soudain, et prit la direction de Goundaka en conduisant toute seule les sept ânes surchargés de poissons comme une vraie bergère. Aussitôt arrivée à son domicile, elle déchargea toute seule les sept ânes. Ensuite, elle commença à vendre les poissons, et à en donner gratuitement aux démunis.

Guelaadjo, le fils de Hambodédjo, était absent du village. Hambodédjo lui-même était devenu très vieux et presque non-voyant. Il n'y avait à côté de lui que seulement deux gardes de corps et son griot qui veillaient sur lui. Le griot aimait se promener très souvent. Ainsi, au cours de sa promenade, il vint trouver un marché de poissons frais dans la demeure de la vieille femme. Il entra dans la demeure et demanda :

- Eh, grand-mère ! Ta demeure est devenue un grand marché aujourd'hui !
- Oui, bien sûr ! Et cela grâce à un certain Hammadi qui est à Sina. C'est lui qui m'a donné tous ces poissons-là!
- Grand-mère, ce mot-là, vous savez que nous l'avions interdit il y a longtemps.
- Wallaahi, il y a quelqu'un à Sina qui s'appelle bien Hammadi !

Le griot retourna sur ses pas, sans mot dire.

Dans notre société, les griots ne sont pas vus comme des escrocs ou des 'Hammapasse-partout' qui vont aller raconter ailleurs tout ce qu'ils ont vu ou entendu. Mais plutôt, ils servent de messagers entre les citoyens, ou de médiateurs, de conseillers et d'envoyés spéciaux entre les familles nobles, princières et royales. Ils sont aussi les porte-parole et les maîtres de cérémonie dans les grandes rencontres et grands évènements de leurs localités tels les cérémonies de mariage, de baptême, de décès, et même sur les champs de batailles, car ce sont eux qui sont chargés de raconter et de perpétuer l'histoire de leur contrée. Ils sont à la fois les historiens-chroniqueurs et les conservateurs-défenseurs des us et coutumes de la société. Donc, le rôle de ces mémorialistes maîtres de la parole et gardiens d'archives est comparable à celui de la diplomatie et des media dans les sociétés modernes.

Le griot alla chez Hambodédjo et lui dit :

- Hambodédjo !
- Naam.
- Heeh ! J'ai entendu aujourd'hui un mot qui a été longtemps interdit ici !
- Qu'est-ce que c'est ?
- C'est la grand-mère de l'autre-là qui dit qu'il y a quelqu'un à Sina qui se fait appeler Hammadi !

Irrité, Hambodédjo demanda d'aller amener la vieille. Aussitôt que dit, on fit vite venir la vieille. Hambodédjo l'interpela :

- Est-ce vrai que tu as dit qu'il y a un Hammadi à Sina ?
- Wallaahi, il y a un Hammadi à Sina, et c'est lui qui m'a donné tous ces poissons-là. Je l'ai dit et je le répète il y a bien un Hammadi à Sina ! Faites ce que vous voulez !

Et Hambodédjo de dire :

- Djiidi Djangou[14] !

Et cent femmes esclaves vinrent répondre son appel. Il leur ordonna de prendre la vieille femme et de la piler. Soudain, la pauvre vieille fut saisie, et vite précipitée violemment dans un mortier en lui appuyant le nez sur les genoux. Certaines la saisissaient par les épaules tandis que d'autres la pilonnaient, Une fumée nauséabonde se dégageait du mortier on dirait un moteur diesel. Elles continuaient à pilonner la vieille pendant que cette dernière sursautait et sanglotait jusqu'à la transformer en une sorte de pâte. Ensuite, elles déversèrent la pâte dans un 'hanfi'[15] et l'apportèrent au cheval royal appelé 'Boneedji-baana'.

Hambodédjo envoie ses deux gardes de corps amener le sorko manu militari

Les gardes de corps de Hambodédjo se mordaient les doigts d'impatience et d'empressement et dirent à Hambodédjo :

- Allahou Akbar ! Père, c'est un sorko qui veut se faire passer pour un 'Ardo'[17]?
- N'goonga!
- Demain, le sorko sera le déjeuner de 'Boneedji-baana'!

Le lendemain matin, les gardes de corps prirent leur petit déjeuner et préparèrent les harnais, les brides et les rênes de leurs chevaux avec tout l'équipage complet. Chacun muni d'une flèche, ils sautèrent sur leurs montures et tirèrent les rênes en direction de Sinagoungou.

[14] 'Djidi' veut dire esclave, et 'djangou' ou 'zangou' veut dire en songhay l'adjectif numéral cardinal 'cent'.

[15] Mot songhay désignant un récipient conçu en pot de terre pour contenir des liquides.
[17] Mot Fulfulde signifiant héro, ou home fort.

Dès qu'ils arrivèrent à l'entrée de la bourgade, ils mirent la paume de leurs mains sur leurs nez, pour ne pas humer l'odeur des poissons qu'ils détestaient. Ils rencontrèrent sur le chemin quelques passants et leur demandèrent où se trouvait la demeure de Hammadi. Ces derniers leur dirent :

- Vous voyez ce grand arbre là-bas, la personne qui est assise là, c'est lui-même Hammadi.

Ils se dirigèrent vers l'arbre et vinrent trouver Hammadi assis. Ils l'interpelèrent :

- An oni Hammadi na ? (Est-ce toi Hammadi ?)
- Mi oni Hammadi. (Oui, c'est moi Hammadi ?)
- Si tu permets, nous voulons avoir un entretien avec toi derrière le village, nous avons une communication très confidentielle à te faire.

Il accepta leur proposition et leur dit de l'attendre un tout petit peu. Il prit son harpon et alla au fleuve. Il lança le harpon dans l'eau et attrapa un gros 'dou'[18]. Il traina le poisson jusqu'à côté de sa mère et lui dit :

- Faama ?

Celle-ci répondit :

- Naam !
- Fais cuire ça vite !

Sa mère prit le poisson et le dépeça en trois morceaux. Elle n'avait enlevé ni les écailles ni les intestins. Elle mit les trois morceaux tels découpés dans la marmite et activa le feu. Hammadi alla seller son cheval. Quand il finit de seller le cheval, il demanda si le poisson n'était pas encore cuit. A peine que la marmite commença à bouillir, sa mère lui dit que c'était cuit. Alors, il lui demanda de l'amener.

Hammadi, la tasse à la main, vint s'asseoir à côté des gardes de corps et leur pria de venir déjeuner avec lui. Avec dédain, ils répliquèrent :

- Mi nan kay, mi gnaama ta lingou-dou ![19] ➢ Vous n'aimez pas le poisson ?

Ils lui répondirent qu'ils ne mangeaient pas du poisson. Il prit la tête du 'dou' et l'introduit le long de sa bouche. Il ferma les yeux rapidement et l'avala d'un coup. L'un des deux gardes de corps fit signe à l'autre et murmura :

- A'ii tcheddo' oo na[20] ?
- Qu'est-ce qu'il fait ?
- Regarde comment il mange le poisson.

Tous les deux l'observaient fixement. Il prit le milieu du poisson et le mit dans sa bouche. Ensuite, il cligna les yeux et l'avala d'un coup. Les gardes de corps continuèrent à murmurer :

- Dis-moi, est-ce que ce poisson-là possède des arêtes ?

[18] Nom d'un poisson d'eau douce avec plusieurs arêtes.
[19] Je ne mange pas du 'dou' [20] Tu vois ce sorko-là?

- Wallaahi, ce poisson-là possède des arêtes, des intestins, des grosses écailles et une longue et très saillante colonne vertébrale. Tu vois ce sorko-là, celui qui lui cherche querelle aujourd'hui, il va l'écraser.

Hammadi prit la queue du poisson et la mit entièrement dans sa bouche. Puis, il papillota et l'avala d'un coup. Les gardes de corps continuèrent :

- Tu dis vraiment que ce poisson a des ossements?
- Wallaahi, ce poisson a vraiment des ossements très saillants. Tu vois ce typelà comment il mange ce poisson, celui qu'il croise sur son chemin aujourd'hui, il l'écrasera.

Le sorko alla au fleuve et trempa sa main dans l'eau pour la nettoyer en la secouant violemment. Ensuite, il sauta sur 'Boolel' son cheval, mit sa grosse courroie devant lui, et ensemble ils partirent.

Il y avait un petit canal entre l'île de Sinagoungou et la plaine. Peu après avoir dépassé le canal, il leur dit :

- Vous avez dit qu'on allait s'entretenir, n'est-ce pas ?
- Si.

Il leur demanda de lui dire alors le but de l'entretien. Ils lui répondirent qu'ils allaient l'emmener à Goundaka. Et il répliqua :

- Vous m'emmenez en tant que votre ami, ou bien vous m'emmenez parce que vous êtes plus forts que moi ?
- Nous t'emmenons par force, et nous sommes plus forts que toi !

Il leur dit qu'il n'allait nulle part, car un sorko n'irait jamais quelque part contre son gré sans l'y contraindre. Ensuite, ils lui dirent :

- Alors, si tu refuses d'aller tranquillement, dis-nous là où tu veux qu'on te perce avec nos flèches.

Il dit qu'il préférait cela. Il souleva son aisselle droite pour le premier et l'aisselle gauche pour le second, car il était novice en techniques de guerre. Les deux gardes de corps reculèrent de quelques pas. Le premier s'engagea et lança sa flèche dans l'aisselle droite du sorko. Le fer se tordit et tomba sans frôler même un poil de l'aisselle. Et lorsque ce dernier se baissait pour ramasser le fer par terre, Hammadi saisit sa courroie et lui assena un coup plein sur la figure. Le coup rata de justesse les yeux, mais arracha entièrement l'oreille et une bonne partie de la peau qui couvrait la nuque.

Le second qui s'apprêtait à venir à son tour, voyant ce qui s'était passé, fit demi tour et s'en alla. Hammadi se lança dans sa poursuite. Celui qui était blessé à la nuque, se tint debout, sauta vite sur son cheval et s'en alla aussi.

Hammadi contourna les deux gardes de corps au galop, ensuite il alla les attendre à mi-chemin de Goundaka. Son cheval était très puissant, bien nourri et en parfaite santé. Le second qui n'était pas blessé conduisait son cheval à toute allure en le chicotant par devant et par derrière. Il courait ainsi sans regarder devant lui. Et soudain, il vint freiner la monture juste devant le sorko. Hammadi lui dit :

- Et bien, d'où viens-tu ?
- Hé, on m'a dit d'aller conduire nos bovins qui sont juste là-bas !

- Viens ici. Si tu retournes à Goundaka, vas-tu dire qu'il y a un Hammadi à Sina ?
- Eh, bien sûr ! Wallaahi mi nan wii ! (Je jure que je le dirai !) ➢ Approches-toi !

Il lui coupa le bout de la langue et lui dit :

- Si tu arrives à Goundaka, dis à Hambodédjo que, moi Hammadi Sina, je le mets en garde le jour où je l'attraperai, il saura que je suis plus violent qu'un homme dont on a mis du piment dans les yeux. Et dis lui aussi qu'il n'est rien qu'un chien !

Et Hammadi le laissa partir, la poitrine toute mouillée de sang, la langue sautillant dans sa bouche on dirait une galette qu'on était en train de frire dans de l'huile chaude. Les deux gardes de corps se rencontrèrent et retournèrent ensemble chez Hambodédjo.

Arrivés chez Hambodédjo, celui qui avait le bout de la langue coupé voulut faire le brave héros en remuant sa langue et dit:

- Aga-a-ah !

L'autre qui avait l'oreille arrachée dit :

- Il ne pourra rien vous dire ! Alors, écoutez-moi bien : billa hallazi ce sorko-là est vraiment violent. Il ne nous a même pas combattus. Mais, depuis notre arrivée on a vu comment il avalait sans mâcher des gros morceaux de poisson avec les intestins, les écailles et les ossements saillants. Vraiment, il ne nous a pas combattus du tout. Ensuite, il nous a dit de vous dire à vous Hambodédjo, que le jour où il vous attrape, vous saurez qu'il est plus violent qu'un homme dont on a mis du piment dans les yeux. Et puis, il a dit de vous dire que vous n'êtes qu'un chien !

Et Hambodédjo de claquer étonnement ses mains l'une dans l'autre en disant :

- Allahou Akbar ! C'est vraiment la fin du monde ! Depuis quand un sorko est devenu si brave jusqu'à parvenir à blesser des peulhs !

Le griot de Hambodédjo, Ko-Boureïma-Ko-Maabo, lui demanda de se calmer. En vertu du pacte social entre les sorkos et les maabos[16], il promit à Hambodédjo de faire venir le sorko le lendemain dans la matinée. Il ajouta qu'il n'allait même pas le contraindre à venir, encore moins le combattre, mais il disposait d'une arme assez convaincante, la parole du griot ou l'art de parler.

Ko-Boureïma-Ko-Maabo se rend chez le sorko

Le lendemain matin, le griot prit son petit déjeuner et sella son vieux cheval. Ensuite, il prit sa guitare, l'accrocha derrière lui sur la selle, et s'en alla à Sinagoungou.

Arrivée à Sinagoungou, le griot demandait les passants de le conduire dans la demeure de Hammadi. On lui indiqua le grand arbre. Il s'y rendit et trouva Hammadi assis. Il lui dit :

- An oni Hammadi bi Hammadi na ? (Est-ce bien toi Hammadi ?) ➢ Si.
- An djaati oni Hammadi ? (Est-ce vraiment toi Hammadi ?)
- Si.
- Naabo, Kontaabo ! côté

Le griot, d'un bond, descendit de son cheval. Il attacha les deux pattes antérieures du cheval avec un nœud appelé 'tefer', et lia avec un autre nœud appelé 'gata' une patte postérieure à une patte antérieure du même côté, deux techniques consistant à immobiliser l'animal sur place. Ensuite, il prit sa guitare et vint s'asseoir à côté du sorko. Il se mit à lui jouer du 'bangaa'[17]. Mais, cette musique déplaisait tant au sorko qu'il se leva soudain et cria :

- Laalibé[18] !

Tous les enfants houligans de l'île vinrent répondre à son appel. Il leur dit d'aller apporter leurs harpons. Ils revinrent tous avec leurs harpons. Il leur ordonna de perforer le cheval du griot. Ils trouèrent l'animal qui se débattait en vain dans les cordes qui liaient toutes ses pattes. Finalement il succomba sous les coups des harpons qui pleuvaient sur lui.

---

[16] Griots en langue fulfulde.
[17] Musique folklorique sorko.
[18] Enfants houligans en fulfulde.

Et, il leur dit de couvrir le corps de l'animal avec des ordures et de le brûler. 'Kowel' fut ainsi incinéré jusqu'aux sabots.

Ensuite, il leur ordonna de saisir le griot et de le débarrasser de tous ses habits. Ils étaient près d'un millier d'enfants à se ruer sur le vieux maabo. Et vite, ils déplumèrent le pauvre griot pièce par pièce, lui arrachant à coups de harpon tout ce qu'il portait. Il leur dit de brûler les débris d'habits. Ils jetèrent au feu tous les morceaux qu'ils avaient arrachés.

Le sorko donna au maabo un petit pantalon de travail, et un petit boubou appelé 'forkiya'. Il lui dit ensuite :

- En vertu du pacte social entre les sorkos et les maabos, je te laisse la vie sauve, car un sorko ne doit jamais faire du mal à un maabo. Espèce de chien ! C'est à moi que tu joues du 'bangaa' ? Si tout de suite je n'entends pas les airs que tu joues à Hambodédjo, je te tuerai !

Apeuré, le vieux maabo se mit vite à jouer tout en enchainant les mélodies du 'saïgalaara', du 'ndjérou', du 'ndoola', du 'soumbou-ndiima', du 'yeiya-mah', du 'hantchineteiya'[19], sans s'arrêter un instant, histoire de sauver sa peau. Ni sa parole de griot, ni son art oratoire ne pourraient le tirer d'affaire. Une seule chose le préoccupait : il savait comment il était arrivé là, mais à présent il ne savait plus comment partir de là.

Hammadi entra dans leur demeure et fit sortir un long pantalon tout neuf, un boubou sous-vêtement et son grand boubou brodé à la sénégalaise. Il apporta encore un turban 'loomassa' couleur gris foncé. Il amena aussi une paire de babouches en cuir tanné à l'aide de dattes que son père lui avait offerte comme cadeau. Il dit au griot de porter ce magnifique habillement.

Dans le village de Sinagoungou, il y avait un grand commerçant qui était le seul à posséder un cheval de type 'nbaraagou' qui était entretenu spécialement par des esclaves. Ces esclaves étaient uniquement chargées de piler et d'enfariner du petit mil qu'ils mélangeaient ensuite avec du lait frais et le donnaient au cheval. Quand le cheval eut fini de s'abreuver, elles mangèrent le reste du mélange. Hammadi se rendit chez lui. Il mit tout l'équipage de

[19] Différentes mélodies peulh, songhay et tamacheque

'barawal' sur lui et tira l'animal par la bribe jusqu'à la tente sous laquelle se réunissaient son père et tous les vieux du village pour bavarder et tuer le temps. Il leur dit :

- Abba, à qui appartient ce cheval ?

Le propriétaire du cheval lui répondit :

- C'est à moi.
- Et bien, je m'en vais l'offrir à quelqu'un. Tu t'en remets à Dieu. Et si tu contestes, tu viens avec moi pour qu'on s'entretienne !
- Moté, eh-hé ! Fiston, tu sais, ce n'est qu'un cheval, c'est sans souci ! Si tu veux l'offrir à quelqu'un, c'est sans souci, c'est ta propriété !

Il aimait vraiment son cheval, mais il préférait sa vie sauve. Hammadi traina le cheval jusqu'au griot et lui dit :

- Ko-Boureïma-Ko !
- Naam !
- Monte sur ce cheval !

Le maabo se leva soudain et prit la bride de l'animal qu'il passa habilement entre les pattes antérieures, ensuite il vint la nouer sur la tête de la selle. Il serra les harnais et tira les rênes de 'barawal'. L'esprit apaisé, il retrouva en fin son art oratoire. Le sorko l'interpela :

- Ko-Boureïma-Ko !
- Naam !
- Je ne te demande pas d'aller faire mon éloge. Tout ce que je te demande, c'est d'aller dire à Goundaka qu'il y a un Hammadi à Sina !
- Quand tu fais porter à une vieille hyène de sept ans des bottes en cuir, ensuite tu lui mets un collier sonore autour du cou, tu empêches ainsi toute la faune de dormir la nuit!

De retour de voyage à Goundaka, Guelaadjo, mis au courant, s'en va à Sinagoungou

Depuis que le maabo avait pris les rênes de 'barawal', il ne s'était arrêté qu'à côté de Hambodédjo jusque dans sa demeure à Goundaka. Ce dernier lui dit :

- Hé ! Ni heddi kodo ! (On a un étranger!)

- Mi ona kodo! Min'no Ko-Boureïma-Ko-Maabo. (C'est moi l'étranger ! C'est bien moi Ko-Boureima-Ko-Maabo !) Depuis que Dieu m'a créé, je n'ai jamais possédé un cheval de la race 'nbaraagou' qui m'appartient personnellement. Si ce n'était à l'occasion d'aller l'abreuver au fleuve que je profitais pour le chevaucher. Aujourd'hui, je possède mon propre 'nbaraagou'. Billa hallazi, il y a bel et bien un Hammadi à Sina. Et j'ai vu un grand et très fort Hammadi à Sina. Eh! Tu n'es pas le seul papa au monde à engendrer un Hammadi, donc tu n'as pas le droit d'interdire aux autres papas de baptiser leurs fils par le prénom Hammadi. Cela s'appelle de l'injustice excessive ! Billa hallazi, ce Hammadi de Sina est un homme fort et formidable. Et celui qui ne le laisse pas tranquille, il va l'écraser comme une mouche. C'est vraiment injuste de ta part d'interdire le prénom Hammadi dans la contrée, car tu n'es pas le seul papa au monde qui peut engendrer un Hammadi. Tout papa peut engendrer un Hammadi ! Désormais, tous ceux qui engendrent leurs enfants sont libres de les baptiser Hammadi s'ils le désirent, wala pouh ! On en a assez de tes caprices ! Quel droit as-tu pour défendre à tout le monde d'avoir un Hammadi ? Et puis encore, écoutez- moi tous, je vous préviens en connaissance de cause, ce Hammadi-là, quiconque se met à travers son chemin verra tout sauf du bonheur !

Hambodédjo n'en revenait plus, claquant ses mains l'une sur l'autre désespérément. Son griot qui était son principal complice et conseiller venait de se ranger du côté de ses adversaires. Il ne savait plus que faire.

Trois jours après, Guelaadjo Hambodédjo fut de retour de son voyage. Quand Guelaadjo était entré dans sa demeure, sa femme lui fit part des récents événements. Guelaadjo ne partageait pas la même cour avec son père. Alors, quand il alla saluer son père, ce dernier aussi lui narra ce qu'avait fait ce sorko derrière lui, chose qui avait fait révolter tous ceux qui étaient proches de son père, et failli même le tuer.

Trois jours passèrent. Le lendemain du troisième jour, sans prévenir personne, ni se faire accompagner, Guelaadjo se leva et prit la direction de Sinagoungou. Il disposait de tout ce qu'un homme armé était sensé avoir. Arrivé à Sinagoungou, il demanda quelqu'un qui lui indiqua l'arbre sous lequel habitait Hammadi. Il vint trouver Hammadi assis, et lui dit :

- An oni Hammadi na ? (Est-ce toi Hammadi ?)

- Mi oni Hammadi. (Oui, c'est moi Hammadi ?) ➢ Tokara[20], as-tu passé une bonne nuit ?
- Par la grâce de Dieu !

Ils continuaient à se saluer réciproquement. Guelaadjo lui dit qu'il voulait s'entretenir en tête-à-tête avec lui derrière le village. Hammadi prit son harpon et alla au bord du fleuve. Il lança le harpon dans l'eau et attrapa un poisson. Il le traina jusqu'à côté de sa mère et lui dit.

- Faamaa !
- Naam !
- Fais cuire ça vite !

Elle dépeça le poisson en trois portions et le fit cuire comme elle avait l'habitude de le faire. Le temps que Hammadi sella le cheval, elle lui dit que le poisson était prêt. Hammadi prit la tasse et vint s'asseoir à côté de Guelaadjo. Il lui dit :

- Tokara, descends manger avec moi !

Le turban que Guelaadjo portait lui couvrait les yeux. D'un air dédaigneux, il lui dit il ne mangeait pas du poisson, et d'ailleurs, depuis que Dieu l'avait créé, il n'avait jamais mangé de poisson. Hammadi répliqua :

- A gnaama ta lingou fey ![21]

Hammadi prit la tête du poisson et l'introduit dans sa bouche. D'un clin d'œil, il l'avala. Guelaadjo, surpris, ôta le pan du turban qui couvrait son visage, et lui dit :

- Tokara, a taama diyal a naa lingou? (Homonyme, ce poisson, a-t-il des ossements ?)
- Il contient tous les ossements qu'un poisson peut avoir: 'mee-biri', 'gaga', 'siiri-siiri', et même les écailles, il y a tout ça dedans !

Ensuite, il prit le milieu du poisson, l'introduit dans sa bouche et l'avala en clignant les yeux.

- Tokara, a'ii diyal a na lingou'o na? (Homonyme, tu dis que ce poisson a vraiment des ossements?)

[20] Homonyme en fulfulde

[21] Tu ne manges pas de poisson du tout!

- Wallaahi, ce 'lingou' contient tous ses ossements, mais cela ne m'empêche pas de le manger.

Il prit la queue du poisson et l'avala de la même manière. Ensuite, il partit secouer sa main dans l'eau du fleuve pour la nettoyer. Puis, il prit sa grosse courroie, et ensemble, sur leurs chevaux ils se dirigèrent vers la sortie du village.

Arrivés à l'endroit où Hammadi et les gardes de corps de Hambodédjo s'étaient entretenus, Guelaadjo lui dit :

- Hammadi Sina !
- Naam !
- Je voudrais t'emmener à Goundaka.
- Tu m'emmènes parce que nous sommes des amis, ou tu m'emmènes parce que tu es plus fort que moi?
- Je t'emmène parce que je suis fils d'un Ardo, et toi, tu n'es rien qu'un sorko. Donc, je t'emmène par force.
- Je n'irai nulle part.
- Si tu refuses d'aller, tu me donnes ton aisselle pour que je la perfore par mon dard. Ensuite, je te transpercerai la gorge par ma fléchette, et je planterai mon poignard dans ton bas ventre.

Le sorko dit qu'il préférait cela que d'aller docilement. Il souleva le bras pour découvrir son aisselle. Guelaadjo recula de quelques pas, puis il s'approcha du sorko et lui enfonça l'arme dans l'aisselle. L'arme s'envola dans le ciel et prit feu avant de tomber sur le sol. Guelaadjo descendit et ramassa le fer qu'il arrangea dans sa gibecière.

Le sorko fit descendre le col de son boubou pour découvrir sa gorge. Guelaadjo recula, puis vint planter la fléchette dans sa gorge. Le fer se tordit et le manche se brisa, tous deux tombèrent sur le sol.

Guelaadjo lui dit :

- Hammadi Sina, ton bas ventre maintenant !

Le sorko souleva les pans de son boubou et les mit entre ses aisselles. Guelaadjo dégaina son poignard, des étincelles lumineuses se détachaient du fer, on dirait un éclair. Il enfonça l'arme dans le bas ventre du sorko. Le poignard fit jaillir de l'eau fraiche on dirait un enfant qui était en train de pisser la nuit dans un endroit qui lui faisait peur.

Hammadi dit à Guelaadjo :

- Tiens ! Ne mouille pas mes habits ! Et puis, tu me dis vite là où tu veux que je frappe par ma courroie de trois peaux de lamantin.

Guelaadjo lui demanda de l'écouter d'abord, il avait quelque chose de très important à lui dire. Il voulait le duper, car il réalisa qu'il ne pouvait pas le vaincre par les armes. Il lui dit que, chez les peulhs, s'ils entendirent parler de quelqu'un qui voulait être un Ardo, ils venaient le voir pour le tester avec leurs armes. Et s'ils trouvaient que la personne était vraiment invulnérable à toutes leurs armes, alors ils retournaient chez eux pour lui envoyer un écrit l'autorisant à gouverner une partie du territoire de leur chefferie. Guelaadjo lui fit savoir qu'il reconnaissait vraiment qu'il était un Ardo qui pouvait gouverner tout Goundaka. Il lui dit aussi que ça ne valait pas la peine de le combattre, car il pouvait vraiment le combattre. Alors, il allait lui donner une partie du territoire à gouverner, car il le méritait.

Ainsi, pour sceller cet accord, Guelaadjo lui proposa d'aller s'arrêter sur la plaine et lui faire face. Lui, il l'attendait là sur place; comme lui, il allait vers la direction du fleuve, lui Guelaadjo dans le sens contraire. Puis, conduisant chacun son cheval les mains à l'air, ils se rencontraient et se donnaient la main pour se dire au revoir. Il lui dit que c'était ainsi que les Ardos se disaient au revoir en milieu peulh.

Le sorko, n'ayant pas d'expérience dans les guerres, fut vite convaincu par la ruse de Guelaadjo. Il partit donc faire face à ce dernier sur la plaine. Guelaadjo resta sur place. Soudain, ils lancèrent les chevaux au galop. Le sorko enleva toute son armure et la plaça devant lui sur la selle du cheval, et leva ses deux bras à l'air. Guelaadjo tenait son cheval d'une main et soulevait l'autre main. Au moment où ils se croisèrent, Guelaadjo serra vigoureusement l'avant bras du sorko et le tira de toute sa force. Le sorko atterrit sur la selle devant Guelaadjo, et son cheval passa seul. Guelaadjo lui tordit rapidement les deux bras par derrière et les lia habilement avec son turban. Ensuite, il lança le cheval au galop en direction de Goundaka.

Le cheval du sorko alla tout seul s'arrêter sous l'arbre, et hennissait furieusement. Les vieilles femmes du village criaient de joie de voir en fin Hammadi très loin de leur vue :

- Dieu merci ! Hammadi a ainsi croisé un autre enfant natif de Jeudi comme lui qui a ôté cet effronté de notre vue ! N'est-ce pas qu'il se croyait houligan, nous sommes en fin tranquilles !

Guelaadjo arriva à Goundaka, le sorko devant lui sur la selle, pieds et mains liés. Il entra dans la demeure de son père, et jeta le sorko par terre qui alla tomber sur la poitrine. Puis, il dit à son père :

- Abba, tcheddo on an'ni ! (Père, voici ton sorko !)

Tout Goundaka vint voir le sorko. Certains croquaient et mâchaient du cola depuis leurs demeures, puis vinrent le cracher sur le visage du sorko, toujours couché sur la poitrine. D'autres disaient :

- Ne le détachez pas deh ! Creusez un trou et enterrez-le vivant dans ce même état.

D'autres disaient :

- . Non, non ! Cherchez un grand mortier, et pilez-le dedans !

D'autres disaient encore :

- Amenez des couteaux et découpons-le comme ça sans le dénouer !

Chaque fois que l'on proposait de le tuer, le sorko éclatait de rire en tapant le sol par ses pieds, les deux mains liées derrière lui. D'autres disaient encore :

- Amenez-nous un couteau, on va lui crever les yeux !

Et le sorko éclatait de rire de plus en plus fort.

Guelaadjo partit attacher son cheval chez lui. Puis, il revint dans la demeure de son père et trouva celui-ci en train de couvrir son visage par ses mains. Il lui dit :

- Père, pourquoi couvres-tu le visage ainsi?
- Je n'ouvrirai les yeux que lorsque la tête du sorko sera coupée et déposée devant moi !
- Eh, Père ! Ouvre tes yeux, sinon tu seras aveugle! Il n'y a aucun fer dans tout Goundaka qui puisse tuer ce sorko. Et puis, ce n'est pas ce genre d'homme qu'on trouve et qu'on décide de tuer. Quand on trouve des hommes comme celui-ci, on le

garde afin qu'il soit parmi les guerriers. Si tu te mets à tuer tous les hommes que tu captures, tu n'auras plus de soldats en fin !

- Wallaahi, Guelaadjo, tu as raison !

Guelaadjo dénoua le sorko. Et ce dernier vint s'asseoir à côté de Hambodédjo.

Lorsque le sorko fut dénoué, toute personne qu'il fixait baissait le regard. Personne ne pouvait supporter ses gros yeux larmoyants qui ressemblaient à ceux d'un chat pris dans un piège de trois jours.

Dès que Hambodédjo demandait de lui apporter de l'eau, avant que les serviteurs n'entendaient, le sorko se précipitait de lui donner à boire. Il n'était pas chez Guelaadjo, il était seulement à côté de Hambodédjo.

Hammadi retourne chez lui à Sinagoungou avec les bestiaux de Hambodédjo

Hammadi Sina passa sept mois à Goundaka. Il était seulement à côté de Hambodédjo et lui faisait des petites courses. Il commençait même à parler un peu le peulh. Quand les marchands forains de Sinagoungou le voyaient, ils lui disaient :

- Ah bon ! Hammadi, tu es en vie ? Donc, on ne te voit plus !

Il leur répliqua qu'il n'irait plus dans cette bourgade pourrie, car là il trouvait du lait à boire et il mangeait de la bonne nourriture. Il leur jurait qu'il ne retournerait jamais dans ce bled aux odeurs de poissons nauséabonds. Mais, quand les forains retournaient, il partait les croiser loin derrière la ville, et leur dit :

- Dites à mon père de ne pas vendre ni offrir mon cheval à personne. Dites lui de le laisser là-bas.

Un jour, dans le courant du septième mois de Hammadi à Goundaka, alors que Hambodédjo, sa suite et le sorko étaient assis dans sa cour, deux bellas firent irruption dans la demeure. Ils étaient parmi les quatre bellas engagés par Hambodédjo pour paître ses bestiaux. Les quatre bergers étaient attaqués par des bandits armés qui avaient tué deux d'entre eux. Ces deux autres avaient dû fuir pour sauver leurs peaux. Ils dirent à Hambodédjo :

- Aïwa, Hambodédjo ! On a été attaqués par des assaillants plus nombreux et plus armés que nous. Ils ont réussi à tuer deux d'entre nous. Am moutou koul ![22] On s'est sauvé en fuyant pour venir demander du renfort !

Le sorko dit à Hambodédjo :

- Père, ce sont nos bestiaux que ces assaillants ont emporté ?
- Wallaahi, il s'agit de nos meilleurs bestiaux !
- Wala-wala ! Je regrette que mon cheval ne soit pas là !

Hambodédjo lui dit d'aller prendre un cheval. Il répliqua :

- Ah ! Que puis-je faire avec un cheval seulement, je n'ai même pas un bâton !

Hambodédjo ordonna de leur lui offrir une flèche. Il lui dit alors :

- Dépêchez donc quelqu'un pour chercher Guelaadjo !

Vite, on envoya quelqu'un chez Guelaadjo pour le prévenir de l'attaque. Au préalable, on avait donné au sorko un cheval et une arme. Il sortit, accompagné des deux bellas. Il leur dit d'aller lui montrer l'endroit où l'attaque avait eu lieu en attendant que Guelaadjo et ses hommes arrivent. Les deux bellas conduisirent le sorko jusqu'à l'endroit où leurs deux compagnons furent tués par les assaillants. Ensuite, le sorko leur dit de retourner.

Le sorko suivait les traces des bestiaux jusqu'à un moment où il voyait de loin de la poussière que soulevaient les bêtes. Lorsque le sorko attrapa le contingent, tous ceux qui n'avaient pas pu fuir étaient tués. Il avait exterminé tous les assaillants et récupéré les bêtes. Il cria sur le troupeau et le reconduisit en direction opposée.

Sur le chemin du retour, le sorko croisa un groupe de femmes qui étaient venues couper du 'diiri'[23] et qui s'apprêtaient à retourner à Goundaka. Il leur dit :

- D'où venez-vous ? ➢ De Goundaka.
- J'ai un message à vous confier. Si vous rencontrez Guelaadjo et son contingent, diteslui que, moi

[22] 'On a failli mourir' en tamacheque.

[23] Plante aux feuilles longues et larges servant à confectionner des nattes, des paniers ou des toits de hangar

Hammadi Sina, je le remercie infiniment. Dites-lui que c'est de la part du sorko qu'il avait amené chez son père, j'espère que vous me connaissez puisque tout Goundaka me connait. Dites-lui que j'ai poursuivi les bestiaux. J'ai pourchassé les assaillants, je les ai tous tués et j'ai récupéré toutes les bêtes. Cent vaches toutes accompagnées de petits veaux. Cent autres vaches toutes en gestation. Cent taureaux, grands, virils et excités par les femelles. Et cent autres taureaux tous castrés et très gras avec des bosses cornées et des longues queues. Quatre cent têtes en tout avec une centaine de veaux. Dites-lui que j'ai tué les assaillants et je m'en vais avec le bétail à

Sinagoungou. Dites-lui que je l'attends à l'endroit où on s'était entretenu s'il veut se battre avec moi. Dites-lui encore que tout le temps que j'ai passé à côté de son père pour lui faire des petites courses, c'était uniquement parce que je ne voulais pas retourner chez moi les mains vides. Dites-lui aussi que s'il veut se battre, il sait où me trouver à Sinagoungou, et c'est alors qu'on va vraiment se battre. Me voilà parti avec tous les bestiaux à Sinagoungou !

Le sorko s'en alla avec les bêtes. Aussitôt que les femmes chargèrent leur 'diiri' sur la tête, elles apercevaient de la poussière qui se soulevait devant elles. C'étaient Guelaadjo Hambodédjo et son contingent qui s'approchaient. Soixante cavaliers avançaient devant lui, et soixante autres derrière, tous armés jusqu'aux dents. Guelaadjo avançait tout seul au milieu, à une distance remarquable entre les deux groupes. Quand il arriva près des femmes, celles-ci l'interpelèrent :

- Hé! Dicko! Fa hoto o'na? (Hé, Dicko, où allez-vous comme ça ?)
- Je vais chercher mes bestiaux que des bandits armés avaient emportés la veille.
- Fais attention ! Le sorko que tu avais amené chez ton père nous a dit de te dire qu'il a pourchassé les assaillants et les a tous tués, ensuite il a récupéré le bétail. Quatre cent têtes au total en plus d'une centaine de veaux. Il est parti à Sinagoungou avec toutes

les bêtes; et il dit que si tu veux te battre, tu sais où le trouver à Sinagoungou, car c'est maintenant qu'il est en fin libre.

Guelaadjo s'arrêta. Les soixante cavaliers qui étaient devant lui s'arrêtèrent, les soixante autres derrière s'arrêtèrent aussi. Il leur ordonna de faire demi-tour et de retourner tous à Goundaka. Ensuite, Guelaadjo alla directement chez on père et lui dit :

- Abba !
- Naam!
- A hokki cedda'o puccu na? (Est-ce toi qui as donné au sorko un cheval?)
- Bien sûr! C'est bien moi qui lui ai donné et le cheval et l'arme!
- Alors, le sorko a récupéré le bétail et s'en est allé à Sinagoungou avec. Il a dit ensuite que celui qui veut se battre n'a qu'à le trouver à Sinagoungou. Il n'y a personne dans tout Goundaka qui puisse combattre ce sorko. Donc, père, tu as égaré nos bestiaux !
- Guelaadjo, je n'ai pas égaré les bestiaux, c'est plutôt toi qui les as égarés. Moi, Hambodédjo, depuis que Dieu m'a créé, je ne faisais que combattre des adversaires et récupérer leurs bétails que je viens garder ici. Aujourd'hui, je n'ai plus de force, et en plus je suis presque non voyant. Je ne suis plus à mesure de me battre. Alors, si tu récupères ce bétail, c'est ta propriété; si tu les laisses s'égarer, c'est toi le perdant ! Ainsi, on dira plus tard que c'est toi que les sorkos ont vaincu, et non moi!
- Abba, je ne vais jamais me mesurer à ce sorko-là !

Diickèle accuse Guelaadjo d'être «le peulh que les sorkos ont privé de ses bestiaux»

Guelaadjo retourna chez lui. Ces jours-là, la nouvelle fut répandue partout dans la ville jusqu'à parvenir dans les oreilles de Diickèle, la femme de Guelaadjo Hambodédjo.

Un adage dit que les femmes réussissent toujours là où les hommes échouent.

Tard dans la nuit, Guelaadjo rejoignit sa femme sur le lit conjugal. Il l'approcha et se mit à caresser ce que j'ai l'habitude de nommer «Algouloubou, ilal-gouloubou. Taamatou, ila-taamatou, ilal-gouloubou. Idjibalakatou, idj'almaaroufou. Idji-oufou-afa, idj'algouloubou»[24]. Diickèle lui dit :

[24] C'est avec ces propos que le conteur Mahamane Tindirma décrit les seins des femmes en les classant selon leur proportion et leur âge. Il donne plus de détails dans plusieurs contes, notamment dans celui intitulé 'Les Femmes'.

- Cette place que tu occupes maintenant, c'est ici Sinagoungou ! C'est là la demeure de Hammadi Sina où se trouvent tes bestiaux ! Ça c'est plus facile à récupérer que tes bestiaux ! Depuis qu'on est de ce monde, on n'a jamais entendu parler d'un peulh que les sorkos ont privé de ses bestiaux pour aller les traire chez eux et boire tranquillement leur lait, si ce n'est toi ! Tout ce que tu sais faire, c'est uniquement faire des caresses la nuit sur ce lit! Car, c'est ici ton Sinagoungou ! Viens caresser, comme c'est ce qui est facile à faire ! Vas-y ! Caresse et câline !

Cela dit, Guelaadjo retira ses mains, et regagna son lit. Le lendemain matin, Guelaadjo dépêcha un de ses gardes de corps à Sinagoungou pour porter un message à Hammadi Sina. Il dit au garde de lui dire que si le Mardi à venir ses bêtes seraient toujours là-bas, il viendrait mettre tout Sinagoungou à sac, il casserait tout jusqu'aux simples calebasses qu'il trouverait renversées.

Le garde sella son cheval et s'en alla à Sinagoungou. Arrivé, il dit à Hammadi Sina :

- Guelaadjo m'envoie te dire que si le Mardi prochain ses bestiaux seront toujours sur cette île, il viendra casser tout ici jusqu'aux simples calebasses qu'il trouverait renversées!

Hammadi dit au garde qu'il avait de la chance de venir tout seul, sinon il n'allait jamais retourner. Ensuite, il lui dit :

- Va dire à Guelaadjo comme réponse qu'il ne pourra traire ces vaches-là que lorsqu'il va traire sa propre mère, espèce de chien qu'il est ! Le Mardi prochain, il me trouvera là où on s'était entretenu la dernière fois. Il ne pourra entrer à Sinagoungou qu'en passant sur mon cadavre.

Le garde retourna à Goundaka et dit à Guelaadjo :

- Guelaadjo, laisse tomber ces bestiaux deh ! Ce sorko-là ! Il m'a dit que j'avais de la chance en venant tout seul, sinon je n'allais pas retourner du tout ! Il a dit aussi que vous allez vous retrouver là où vous vous étiez entretenu la dernière fois.

Hammadi Sina et Guelaadjo Hambodédjo s'affrontent enfin

Hammadi Sina fit venir à Sinagoungou tous les forgerons de la circonscription de Goundaka. Il leur recommanda de venir avec leurs forges et tous les matériels nécessaires pour fabriquer des flèches de guerre. Ainsi, les forgerons aiguisaient le bout des flèches, et formaient des crochets pointus vers les deux côtés de chaque flèche, puis posaient le tout dans un porte-flèche, lui aussi fabriqué en fer. Ils passèrent ainsi toute une semaine en train de fabriquer uniquement des flèches qu'ils allaient ensuite transporter au bord du fleuve et embarquer sur une seule pirogue.

Le mardi matin, on conduisit la pirogue jusqu'au bout du canal, et on l'accosta à l' endroit où il s'était entretenu avec Guelaadjo. Hammadi chercha une corde neuve et solide pour sa lance-flèche. Il prit son petit déjeuner, et sella son cheval avec tout l'équipage complet. Ensuite, il prit sa grosse courroie et sa flèche. Puis, il les plaça devant lui sur la selle, et monta sur le cheval. Il traversa le petit canal, et regagna la pirogue. Il fit descendre la flèche, et déposa la courroie à côté. Il attacha le cheval. La pirogue était accostée avec à bord plusieurs centaines de flèches. En fin, il vint se coucher sur la poitrine, un grand sorko au physique impressionnant.

Vers la fin de la matinée, Guelaadjo arriva avec lui une cavalerie de cent vingt hommes, soixante devant lui et soixante derrière, il gardait toujours une distante entre les deux groupes. Ko-Boureïma-Ko, le griot faisait parti du contingent. Ils vinrent trouver le sorko couché sur la poitrine. Guelaadjo lui dit :

- Tokara, salaamou aleykoum !
- Aleykoum ma salam !

Ils firent les salutations mutuelles. Après, Guelaadjo lui dit :

- Alors, où sont mes bestiaux ?
- Quels bestiaux ?
- N'as-tu pas vu mon messager ?
- Donc, ton messager ne t'a pas dit fidèlement ce que je lui ai dit de te dire ? Je lui ai dit de te dire que ces vaches-là, tu ne pourras les traire que lorsque tu va traire ta propre mère d'abord ! Et tu sais où me trouver ! Si tu me dépasses là, tu pourras entrer à Sinagoungou et y faire tout ce que tu voudras, espèce de chien !
- Mais, allons-nous nous disputer sur mes propres bestiaux ?
- Bien sûr, sur tes propres bestiaux !

Guelaadjo dit à ses hommes

- Qu'attendez-vous pour attaquer le sorko ?

Tous les cavaliers montèrent sur leurs chevaux. Le sorko aussi se précipita vers la pirogue. Il s'assit sur la bordure de l'embarcation, un pied dans l'eau, l'autre dans la pirogue. L'un après l'autre, les cavaliers se ruèrent sur le sorko avec leurs flèches pointées sur lui. Quand un cavalier venait au galop et lançait sa flèche sur la tête du sorko, la flèche s'envolait au dessus de sa tête et s'enflammait dans l'air avant de tomber dans l'eau. Aussitôt, le sorko se précipita à prendre une flèche dans la pirogue qu'il plaça rapidement sur le porte-flèche, puis il planta soudain l'arme dans les cotes du cavalier qui venait de le viser, ensuite il retira le porte-flèche laissant la flèche dans ses entrailles. Et, il se retourna rapidement chercher une autre flèche qu'il plaça de la même façon et attendait qu'un autre vienne. La scène continuait ainsi pendant un bout de temps.

On n'entendait rien que des bruits de sabots et de flèches; et on ne voyait rien que de la poussière et des vautours qui rodaient et noircissaient le ciel. Certains cavaliers plus rusés feignaient de se précipiter dans la poussière épaisse, puis faisaient demitour et s'esquivaient en catimini. C'était ainsi que beaucoup avaient sauvé leurs vies. Et tous ceux qui n'avaient pas procédé ainsi étaient partis avec une flèche soit dans la cuisse, soit dans l'épaule, soit dans le ventre, soit dans le cou, certains dans la patte de leur animal, d'autres gravement blessés restaient suspendus sur la selle de leurs montures qui les projetaient plus tard par terre.

Peu après, la poussière diminuait d'épaisseur petit à petit. Et Hammadi dit à Guelaadjo :

- Guelaadjo, djimmé ma a timmé'i na ? (As-tu d'autres hommes encore ?)
- Non, c'est fini.
- Si tu disposes de renfort, va le chercher vite avant que le soleil ne devienne plus chaud.
- Je n'ai plus rien encore.

Hammadi-Tcheddo (Hammadi le sorko)

Le sorko déposa le porte-flèche dans la pirogue et remonta au bord du fleuve. Ko-Boureïma-Ko le griot dit à Guelaadjo :

- Guelaadjo, quant à moi, je me remets sur selle et je m'en vais de ce pas à Goundaka. Et je n'oublierai pas de dire à ta femme de se préparer pour le veuvage et de prier pour le repos de ton âme. Ou alors, ce sera la maman du sorko qui va observer le veuvage pour lui puisqu'il est encore célibataire !

Le maabo parti, Hammadi tcheddo et Guelaadjo montèrent sur leurs chevaux. Guelaadjo lui dit :

- Hammadi tcheddo, donne-moi un endroit où mettre ma flèche !
- Sans souci, tu veux où ?
- Ton aisselle.

Le sorko souleva son bras. Guelaadjo recula de quelques pas, puis, debout sur ses pieds, il lui envoya de toute sa force la flèche dans l'aisselle. L'arme se tordit et s'envola dans le ciel en projetant des flammes et des étincelles, puis elle tomba sur le sol et s'enroulait, brulant tout sur son passage avant de s'immobiliser. Guelaadjo descendit prendre l'arme et la mit dans sa gibecière, car c'était de l'or pur. Et il lui dit encore :

- Hammadi Sina, donne-moi un autre endroit !
- Je te donne ma gorge.

Le sorko tira son boubou et l'ôta de son corps. Guelaadjo avança le cheval jusqu'au niveau du sorko. Puis, toujours debout sur ses pieds, il lui planta la fléchette dans la gorge. L'arme et son manche se retrouvèrent sur le sol et devinrent comme des bracelets. Guelaadjo dit :

- Hammadi Sina, donne-moi un autre endroit encore !
- Quel endroit veux-tu ?
- Ta tête.

Hammadi Sina ôta son petit bonnet et le tint dans sa main. Guelaadjo recula de quelques pas, puis il avança vers le sorko et lui précipita le dard sur la tête. L'arme devint comme des gravillons qu'on égrenait sur sa tête. Hammadi Sina dit :

- Guelaadjo, j'ai appris qu'un Ardo ne frappe un autre Ardo que seulement trois fois. Après les trois coups de chacun d'eux, ils descendent de leurs montures pour lutter corps à corps. Or, le corps à corps n'est pas une lutte des nobles, il est réservé aux captifs. Alors, donne-moi un endroit où mettre ma flèche à six dents qui n'a jamais laissé en vie ni hippopotame, ni lamantin, ni caïman.

Guelaadjo arrangea le pan de son grand boubou et souleva son bras. Le sorko recula de quelques pas, puis avança vers Guelaadjo et lui planta la flèche à six dents dans l'aisselle. La flèche avait troué le boubou mais n'avait pas pu lui percer le corps. Hammadi retira la flèche avec force, et les six dents arrachèrent le pan du boubou. Guelaadjo lui dit :

- Hammadi Sina, fati seekou n'kana lamaa koy !
- Billa hallazi, même si ton corps est invulnérable au fer, tes habits n'échapperont pas aux six dents de ma flèche. Que veut dire 'fati seekou n'kana lamaa' ?
- A'a seekou n'kadou lafou !
- Eh, il n'en est pas question ! Si tu es invulnérable au fer, tu partiras tout nu aujourd'hui ! Donne-moi vite un autre endroit !

Guelaadjo dit qu'il lui donnait l'endroit que couvrait le col de son boubou, c'est- à -dire l'arrière-gorge, ou le pharynx. Hammadi recula, puis avança et lui planta la flèche dans l'endroit indiqué. La flèche n'avait pas pénétré le corps invulnérable de Guelaadjo. Hammadi Sina retira la flèche arrachant tout le pan du boubou qui entourait le cou de Guelaadjo qui lui dit :

- Hammadi Sina, a'na anniya seekou kadi lamaa na?
- Je te jure, si tu es invulnérable au fer, tu seras tout nu aujourd'hui!
- Sache que je suis un noble, je ne suis pas un captif qui lutte le corps nu.
- Billa hallazi, moi, je m'en moque! Vraiment si tu es invulnérable au fer, je ne te laisserai aucun morceau d'habit sur le corps.

Guelaadjo insista qu'étant un noble, il n'allait pas lutter le corps nu, car il n'était pas un esclave. Puis, il tourna son cheval et se mit en route vers Goundaka. Hammadi le suivait au galop tout en déchirant son magnifique boubou par les six dents de sa flèche. En fin, il avait déchiqueté ainsi tout l'habit que portait Guelaadjo.

- Si tu es invulnérable au fer, tu partiras tout nu aujourd'hui !

Au moment où ils firent la moitie du trajet, Guelaadjo ne portait plus que le col du boubou autour du cou et la cordelière du pantalon autour de sa taille. Ce fut alors que Hammadi déposa sa flèche sur la selle et prit sa grosse courroie. Il se mit alors à lui assener des coups sur le crâne. Un sorko ne frappe jamais quelqu'un par endroits différents, il frappe toujours le même et seul endroit. Au moment où ils aperçurent les premières cases de Goundaka, Guelaadjo soulevait par ses deux mains la peau de son crâne qui se glissait sur son visage on dirait un chapeau. Il lui fallait de temps en temps repousser la peau jusque sur la nuque pour lui permettre de voir devant lui. Malgré cela, le sorko continuait toujours à lui marteler le crâne qui ressemblait à une mangue de six jours qui commençait à pourrir, ou encore un cadavre en putréfaction depuis six jours qui souillait le coin d'un vestibule. Du liquide commençait même à dégouliner de son crâne. Mais, le sorko n'arrêtait toujours pas de l'assommer tout en accélérant son cheval par des coups de pieds répétitifs dans le ventre de l'animal.

Le sorko poursuivait ainsi Guelaadjo jusqu'à l'entrée de Goundaka, puis il tira sur les rênes de son cheval, et fit demi-tour.

Quant à Guelaadjo, il ne tira les rênes de son cheval que lorsque celui-ci alla s'immobiliser de lui-même à son 'kangay'[25].

Très surprise, sa femme sortit et lui dit :

- Eh! Maa no an ya honno?
- Min ya Hammadi tcheddo!
- Eh! Hammadi le sorko qui n'a même pas deux ans d'expérience de guerre ne doit pas te traiter de la sorte!
- Ne me vois-tu donc pas ? Si ce n'est le col de mon boubou, et la cordelière de mon pantalon, qu'est-ce que j'ai ramené sur moi ?
- C'est ce que je dis, ce petit sorko-là ne peut pas te traiter de la sorte !
- Si c'était ton père qui était parti là-bas, il n'allait même pas ramener ce que j'ai pu ramener ! Si tu dis que c'est un petit sorko, va chercher donc ton père, et dis lui d'aller le trouver là-bas ! Billa hallazi, si c'était ton père qui était parti là-bas, il n'allait

[25] Mot songhay désignant le lieu où l'on attaché et garde les chevaux, les ânes et autre grands animaux domestiques. En peulh, on dit 'diigal'.

même pas ramener la cordelière de son pantalon ou le col de son boubou que moi j'ai pu ramener !

Hammadi Sina retourna sur le lieu de la bataille. Il ramassa les armes brisées et les mit dans la pirogue. Ensuite, il contourna le petit canal pour aller à Sinagoungou. Arrivé, il descendit de 'boolol', enleva la selle et l'amena s'abreuver. Puis, il lui donna à manger en mettant des grains de mil dans un petit sac qu'il lui accrocha autour du cou. Et il vint se coucher sur le dos, les pieds l'un sur l'autre.

Les bestiaux restèrent donc chez Hammadi Sina. Les griots lui chantèrent une chanson populaire en son nom pour saluer sa bravoure et sa témérité. Car, c'était le sorko qui avait acquis un important cheptel de bovins sans l'acheter au marché ou encore moins le troquer, mais plutôt par les dents tranchantes de sa flèche, la 'damaa'. C'était aussi le sorko à qui on pouvait dire pour faire son éloge :

Naabo Kontaabo

Konta beeri nda Soŋay baa

Inné kilo gandaakoy, bangookoy Naabo

So□oorou Naabo, Soganda goto□ooorou Naabo

Boolou cindi Bareykoy

Kamankirya cindi ganda yaarou

Dankilé □□umo

Dankilé Bélé-Bélé Batooma

Kaari ga baŋa wi

Kobéboy ga baŋa foorou Harkaatou

ga baŋa jamna Kala boro ma kaaya

nga baaba. ŋaasa doumi. ŋaasa

taaway doumi Kabouka doumi,

kabou kawfo doumi Yérésé doumi,

Yérésé daaway doumi.

Balya!

Kenko jay Balya!

Kenké douro ganda denbé maariyo

Kenké douro ganda denbey fodey

Taali goorou, tataali bilibay goorou

Baŋa jabou laajibo

Cilo komo kaarayci

Noodoungou sagalé si

Doungou-siise- mayraykoy, ceddo !

C'est ici que prend fin le récit de Hammadi Sina et de Guelaadjo Hambodédjo. Récit raconté par Mahamane Tindirma Kontao.

NOTES SUR LE CONTEUR MAHAMANE TINDIRMA

1. Qui est Mahamane Tindirma?

Dans la boucle du Niger, à la frontière entre le Mali sahélien et les dunes du sable Saharien, sur la rive gauche du fleuve, entre Tonka (sous préfecture de Goundam) et Diré, se dresse un village célèbre dans l'histoire pour avoir accueilli sur son sol des juifs chassés de la péninsule ibérique vers le VIIème siècle. Ce village s'appelle Tindirma.

Fondé par les songhays bien avant l'avènement de l'islam, Tindirma est le premier et le plus ancien village, avec Arham, de toutes les villes et villages de l'actuelle région de Tombouctou. Il fut jadis la capitale provinciale de l'ouest du glorieux et très puissant empire Songhay sous lequel Tindirma avait un 'Koy' (gouverneur) appelé Tindirmakoy à l'instar de toutes les provinces de l'empire. Sous le règne de l'Askia Mohamed (Alhaji Mahamane Asikiya), on peut noter les exploits du Tindirmakoy de l'époque, Amar Kamandjaama, célèbre pour ses expéditions punitives dans l'ouest de l'empire. Il faut aussi noter que, pendant les premières ères de la colonisation, le sol de Tindirma n'avait pas pu être foulé par le colon français qui se contentait seulement d'y envoyer un émissaire local à partir de Goundam. Idem pour Arham. Aujourd'hui, le nom de ce village est lié à celui d'un homme, Mahamane Tindirma (paix à son âme !), c'est-à-dire 'Mahamane de Tindirma'.

Mahamane Tindirma ! Voilà un homme qui n'évoque pas grandchose dans l'univers culturel d'une grande partie de la population du Mali. Pourtant ce 'causeur' sonrhaï a porté haut le flambeau de la culture de la boucle du Niger par une œuvre gigantesque dont se souviennent toujours bon nombre des 'koyraboros' ou 'issaboros', vocables désignant les populations sédentaires riveraines de la partie septentrionale du Mali.

Vous l'avez sûrement deviné, ce Mahamane Tindirma est un conteur songhay, ou sonrhaï (ou koyraboro), ou mieux encore un maître de la parole songhay, ou koyra ciini, le dialecte parlé dans la région de Tombouctou. Mais, Mahamane Tindirma n'est pourtant pas un griot ou un homme de caste comme on s'y attendait. Il est noble, son vrai nom est Mahamane Kantao.

Il est venu à la parole, nous dit-il, par la volonté de Dieu. Jeune paysan se livrant à la pêche, il ramait une nuit sur le fleuve Niger, quand il vit soudain sur la berge des silhouettes assises au tour d'un feu de bois. Grelottant de froid, il accosta et s'approcha du groupe dans l'espoir de se réchauffer un peu. Ensuite, il ne se rappelait seulement que du 'Salaamou aley koum' qu'il leur adressa. Il sombra dans l'inconscience et lorsqu'il se réveilla le lendemain matin, il était tout seul et ne pouvait plus parler. Un mois, il ne pouvait se nourrir d'aliment cuit. Il n'acceptait et ne pouvait supporter que de la poudre de céréale (bita) diluée dans du lait frais ou caillé, la langue lui étant toujours 'confisquée'. C'était donc à une assemblée de djinns qu'il s'était par méprise adressé. Mais, heureusement pour lui, ceux-ci n'étaient pas des plus méchants et finirent même par l'adopter. Car, durant tout le temps où il était sujet à cette 'maladie', il continuait à converser avec ses nouveaux amis les djinns. 'Ce sont eux qui me racontèrent tout ce que je dis aujourd'hui dans les cassettes', nous affirme- t-il. Ses nouveaux amis lui recommandèrent également de se confectionner une petite guitare monocorde appelées 'koubour' dont il allait avoir besoin plus tard. C'était un des ses oncles qui, apprenant qu'il était possédé par les djinns, vint le délivrer.

Passant pour être celui qui connait les noms de toutes les mares où résident des djinns, Mahamane Tindirma prit l'habitude de faire leur apologie au cours des danses de possession ou 'hollo-horays'. Mais la fréquentation, par trop, lui-dit-on, de ces hollo-horays' risquait de le remettre, et cette fois-ci pou toujours, entre les mains des djinns. Prenant alors peur, il abandonna cette pratique dangereuse et se mit à raconter des histoires. De son village natal Tindirma, la renommée de Mahamane Tindirma déploya bientôt des ailes. Des séances de récitals circonstancielles (mariages, baptême, circoncision), il commença à voyager, sollicité qu'il était partout dans la boucle du Niger.

Puis, les cassettes où il entreprit d'enregistrer ses histoires se multiplièrent grâce au soutien de son ami et 'producteur' Samba Afo Mahamane Galo. 'Personne ne me les a apprises, je n'ai eu ces histoires ni de mon père, ni de ma mère, elles me viennent comme ça, sous une inspiration subite', affirme-t-il. Et il ajoute : 'voyez-vous, les mystères de la vie sont innombrables et chaque homme, sur cette terre, est destiné à quelque chose qui le dépasse'.

Devrions-nous prendre ces propos comme parole d'Evangile ou y voir le désir d'envelopper un talent inné de 'parleur' par un zeste de mystère? La question de l'origine humaine ou non de ces contes, de ses contes plutôt, n'est assurément pas la plus importante. Et comme derrière tout bon conteur se cache un voleur de contes… Les fables de la Fontaine lui avaient été racontées par un conteur d'origine africaine. Les contes de Birago Diop sont des contes populaires africains.

2. L'œuvre de Mahamane Tindirma

Décédé en 1993 des suites d'une longue maladie, Mahamane Tindirma, paix à son âme, n'est plus à présenter, car, grâce à ses nombreux contes et récits bien articulés dans une langue songhay authentique et sans mélange (l'homme n'a jamais été à l'école du blanc), ce grand orateur très éloquent et grand connaisseur de l'histoire du pays est connu partout dans les communautés songhayphones du Mali, du Niger, du Sénégal, du Ghana, du Benin et ailleurs.

Ainsi, l'œuvre gigantesque de Mahamane est aussi riche que variée : en plus de nombreux contes et récits courts sur les animaux, les djinns et autres créatures, on peut noter d'intéressantes histoires et événements réels comme par exemple les histoires de Maka Booté, Féto Oolé, Hambodédjo, Guelaadjo et Boubou Ardo Galo, Faatuma Ardo, Hammadi Sina, Haaruna Diarra, Fanta Araabo, Kolikoli, Deera, Hammadi Mosor, Teera Hamma Kaasi, Alhaji Seeku Oumar Tijaani, Oumar Well de Bandiagara, Djibo, l'histoire de la Dina de Sékou Aamadou Hammadi Buubu de Hamdallaahi, la bataille de Tooya Farrou près de Tombouctou, le récit du fameux pèlerinage d'Askia Mohamed et tant d'autres.

La plupart de ces récits sont en réalité des histoires 'croyables' puisque ce sont des événements contemporains situés dans le temps et l'espace, connus et vécus de bon nombre de la population locale. Ces récits ont été pour la plupart écrits et conservés en langue arabe dans des manuscrits des marabouts et lettrés de la place. Mais, d'autres récits ont survécu grâce à la tradition orale entretenue et perpétuée par des grandes familles de griots issues de diverses sociétés africaines. Il faut aussi noter le rôle de la musique traditionnelle africaine comme grand réservoir et 'mémorialiste' des récits et grands événements du passé. Ainsi, pour citer un seul exemple parmi tant d'autres, on peut noter la chanson 'Sassila bama' chantée par le célèbre griot malien Abdoulaye Diabaté, qui est un récit qui relate l'exploit héroïque d'un chasseur Zankè qui, venu de Niamina, délivra les habitants de Sassila de l'anthropophagie d'un homme-caïman. La chanson 'Tamala' évoque les noms des souverains songhays et leurs exploits. Le récit de Bakary Djan et de Bilisi est connu grâce au talent des musiciens et chanteurs.

Cependant, ce qui indubitablement constitue le chef-d'œuvre de Mahamane Tindirma ce sont ses 'histoires de djinns' dans lesquelles il parle ou plutôt innove un langage inédit et méconnu des humains, la 'langue des djinns', dit-il, un vocabulaire impressionnant qui ne tient d'aucune de nos langues ou dialectes de la place, comme :

Beyti n'togo, beyti n'kuuri n'togo ! Beyti

n'togo, beyti n'deera n'togo !

beyti n'togo, beyti n'kelimaatiyan n'togo !

Ou encore :

Souti saafirinte goungo loysouroungou moomadiyon n'fanaa !

Ses contes et récits constituent à la fois une école et une grande bibliothèque. Les auditeurs de Mahamane Adjendjina ont beaucoup appris de lui et continuent d'apprendre en l'écoutant. Car, Mahamane ne fait pas que les égayer par son humour et son art de parler avec un euphémisme remarquable, ou ses propos de «paroles de djinn». Il contribue aussi à l'éducation et à l'instruction de son audience par ses conseils très pratiques, la pertinence des proverbes et adages populaires, exprimés dans un langage accessible à travers les traits caractéristiques de ses personnages de contes, ou d'histoire et événements réels du passé. Cet héritage culturel et linguistiquement très riche qu'il nous a légué mérite donc d'être préservé et conservé comme patrimoine culturel national.

Dr Ibrahima ABDOULAYE, Enseignant-Chercheur au DER-Anglais, FLSL/ULSHB.

Printed by Books on Demand GmbH, Norderstedt / Germany